collection
j'écoute... je parle...
je lis... j'écris...

Denyse Bernier

je lis...
j'écris...

1

Collection dirigée par Émile Guy, surintendant

Conseil des Écoles séparées catholiques romaines
du District de Sudbury

guérin éditeur limitée

4501, rue DROLET • MONTRÉAL H2T 2G2
TÉL. (514) 842-3481

3e édition, *Guérin, éditeur Ltée, 1985*

Dépôt légal, 2e trimestre 1982.
Bibliothèque nationale du Québec.
Bibliothèque nationale du Canada.
ISBN-2-7601-0787-6
IMPRIMÉ AU CANADA.

Maquette de couverture et illustrations
Michel Poirier

COLLECTION

j'écoute... je parle...

je lis... j'écris...

1re année

Je lis... J'écris... **Livre 1** (Syllabaire)
cahier d'activités 1

Je lis... J'écris... **Livre 2** (Syllabaire)
cahier d'activités 2

2e année

Je lis... J'écris... **Livre 3** (Syllabaire)
cahier d'activités 3

Je lis... J'écris... **Livre 4** (Syllabaire)
cahier d'activités 4

Table des matières

AVANT-PROPOS

La série "J'écoute... je parle... je lis... j'écris..." se propose d'aider l'enfant qui débute dans l'apprentissage de la lecture. La progression des leçons a comme principe d'aller du simple au complexe.

Chaque illustration que l'enseignante décrit comporte un son vedette qu'elle présente avec le geste de Madame Borel-Maisonny[1]. Il est très important que l'enfant entende le son à l'étude plusieurs fois avant de l'identifier. À l'aide de la méthode gestuelle, on invite les élèves à identifier le son vedette, à le situer dans des mots, puis à reconnaître la ou les lettres représentant le son; on montrera à l'enfant à associer le geste de Madame Borel-Maisonny au son, puis à la lettre. L'enseignante fera tracer la ou les lettres étudiées afin de mieux établir la correspondance graphème-phonème. L'enfant est maintenant en mesure de lire des mots entiers ainsi que de courtes phrases; l'enseignante vérifiera si l'enfant comprend le mot ou la phrase en lui posant des questions appropriées et en l'encourageant à illustrer ses lectures.

Elle procédera à la "dictée" dès que les élèves pourront écrire les deux premières voyelles. Plus tard, ils écriront des dictées de syllabes, de mots et même de phrases. Ils devront, par la suite, observer et mémoriser les particularités de l'orthographe conventionnelle.

En lecture, les mots ainsi que les phrases sont présentés par ordre de difficulté afin de mieux répondre aux besoins individuels des enfants. Il en est de même pour les mots et les phrases de dictée. Afin d'éviter, dans la mesure du possible, les confusions qui existent entre les consonnes sourdes et les consonnes sonores, l'enseignante profitera des leçons de révision qui visent à l'automatisation de ces phonèmes. Pour les lettres proches auditivement, on montrera chaque fois comment les lettres se prononcent et quelle est leur différence. En ce qui a trait à la lecture de syllabes où la voyelle précède la consonne (ex.: il, ap, or), l'enseignante devra insister sur le sens de la lecture dans la présentation de cet exercice.

Borel-Maisonny, Suzanne, **Langage oral et écrit 1, Pédagogie des notions de base.** Delachaux et Niestlé, Paris VIIe, 1970.

MARCHE À SUIVRE DANS LA PRÉSENTATION DU SON À L'ÉTUDE

1. À l'aide de l'illustration, l'enseignante raconte une courte histoire; elle se sert de la méthode gestuelle chaque fois qu'elle prononce le son à l'étude. L'élève identifie le son.

2. L'enseignante raconte l'histoire une deuxième fois en invitant les élèves à situer le son dans les mots de l'histoire. Elle écrit ces mots au tableau noir. L'enseignante encourage les élèves à trouver d'autres mots qui contiennent le son à l'étude. Ces mots peuvent aussi être écrits au tableau.

3. L'enseignante aide les élèves à reconnaître la ou les lettres représentant le son à l'étude.

4. L'élève trace la ou les lettres.

5. Lecture et dictée de syllabes.

6. Lecture et dictée de mots.

7. Lecture et dictée de phrases.

i

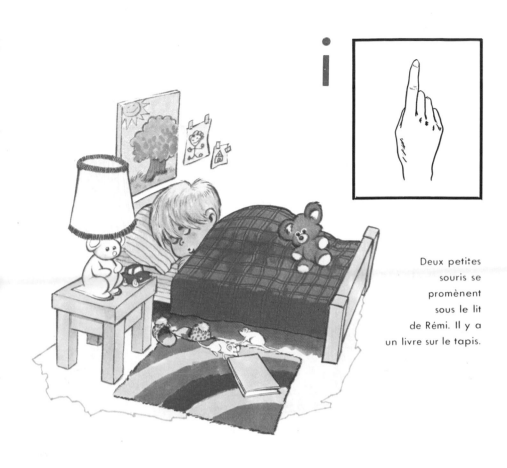

Deux petites souris se promènent sous le lit de Rémi. Il y a un livre sur le tapis.

souris

Je trouve les "i" parmi les autres voyelles.

i o u i a i e

u i é i o i ê

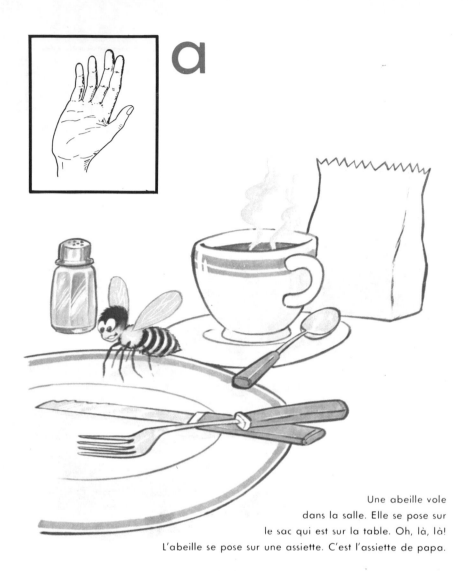

a

Une abeille vole
dans la salle. Elle se pose sur
le sac qui est sur la table. Oh, là, là!
L'abeille se pose sur une assiette. C'est l'assiette de papa.

assiette

Je lis et j'écris:

é

La famille est dans la salle de séjour.
Papa regarde la télé. Maman boit du café.
Léa joue avec sa poupée.

poupée

Je lis et j'écris:

u

La tortue a couru dans
les rues afin d'arriver
au but la première. Elle a
gagné un joli ruban.
Pauvre lapin. Il a perdu.

tortue

Je lis et j'écris:

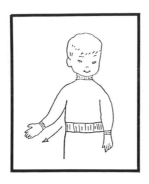

e

Assis près d'une fenêtre,
René regarde une revue.
Sur la couverture, il y a
l'image d'un
cheval et
d'un renard.

une revue

(L'enseignante fera remarquer que, règle générale, le <u>e</u> ne se prononce pas à la fin des mots: ex. tomat*e*, lim*e*, mar*e*. Ce phénomène se produit aussi à l'intérieur de plusieurs mots: ex.: can*e*ton, méd*e*cin, sam*e*di.)

Je lis et j'écris:

Monique porte une jolie robe.
Elle mange une orange.
Monique donne un os
à son chien
Médor.

orange

Je lis et j'écris:

è ê

Adèle est à
la fête avec
sa mère.
Elle porte
un chapeau
à plumes
sur la
tête.

tête

Je lis et j'écris:

I

a
e
i
o
u
é
è
ê

Léa va à l'école.
Elle est dans
une salle de classe.
Elle lit un livre.

livre

Je lis et j'écris les syllabes:

JE LIS: lit   Lili   Lulu   élu

Léa   lié   île   lilas

1. Lili a lu le livre.

J'ÉCRIS: Lili   élu   Lulu

ATTENTION! Je lis et j'écris:

la al   li il

lo ol   lu ul

li il

il lit   le lit

m

Maman
apporte des
remèdes à Rémi
qui est malade.

m — a e i é u o ê è

maman

Je lis et j'écris les syllabes:

JE LIS: lime   mime   lame   Mimi

mule   même   ami   malle

mêlé   âme   molle   allume

1. Émile a la lime.

2. Mimi a lié le lilas.

J'ÉCRIS: lame   mule

ami e   lime

1. Mimi a limé la lame.

mi u<u>mi</u>

mi <u>omi</u>

mu <u>amu</u>

ma <u>ima</u>

mu <u>ému</u>

mo <u>émo</u>

28

p

a
e
i
é
u
o
è
ê

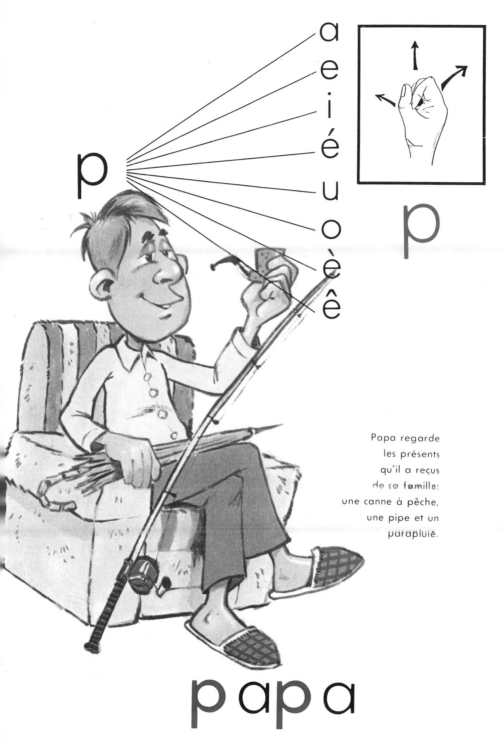

p

p

Papa regarde
les présents
qu'il a reçus
de sa famille:
une canne à pêche,
une pipe et un
parapluie.

papa

29

Je lis et j'écris les syllabes:

lé

pa   pi

la

po   pé

lo   me

pê

pu   mè

lè   pe

lè

mu   mo

JE LIS: papa   pipe   poli

             pelé   pape   pilé

             épi   pomme   pilule

1. Léa a pelé la pomme.

2. Papa a pilé la pilule.

J'ÉCRIS: pipe, épi, papa, pilule

1. Papa a la pipe.

ATTENTION! Je lis et j'écris:

pa ap

pi ip

po op

pu up

31

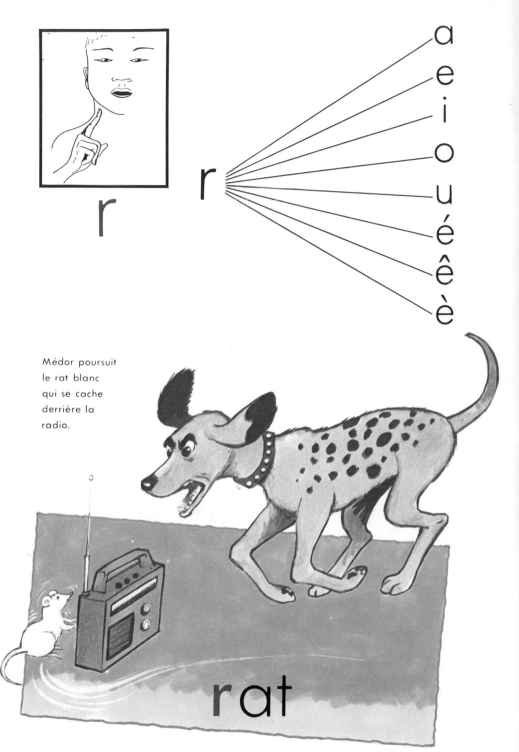

r

r — a e i o u é ê è

Médor poursuit
le rat blanc
qui se cache
derrière la
radio.

rat

32

Je lis et j'écris les syllabes:

rê rè ro mu le ma pu ru po ré ra pê lu ri re pa

JE LIS: père   lire   rare

mère   rat   repas

Marie   morue   ira

mord   répare   amère

1. Marie a lu: "ra, re, ri, ro".

2. La pilule est amère.

3. Rémi ira à la mare.

4. Il a réparé la rame.

J'ÉCRIS: rame   père   lire

mère   rira   mur

1. Rémi a la rame.

ATTENTION! Je lis et j'écris:

ra ar   ri ir
ro or   ru ur

t

a
ê
i
o
u
é
è

t

Rita met son goûter
sur la table. Elle
a apporté deux tomates,
une tartine et un
petit gâteau.

tomate

Je lis et j'écris les syllabes:

JE LIS: tiré   raté   tête   télé

tapis   moto   patte   tomate

natte   limite   tulipe   pilote

imite   utile   retire   porte

1. Léa a mal à la tête.

2. Rita tape à la porte.

3. Le rat mord la tomate mûre.

4. Rémi pilote la petite moto.

J'ÉCRIS: tape   têtu   mite   tête

tire   petite   tomate   tulipe

1. Rémi tire la moto.

ATTENTION! Je lis et j'écris:

tul   top

tir   tar

uti   ata   oti   ité

S

s ← a e i é u o è ê

Un petit serpent
rampe vers Sara.
Il effraie la fillette
qui renverse sa tasse
sur le sol.

serpent

Je lis et j'écris les syllabes:

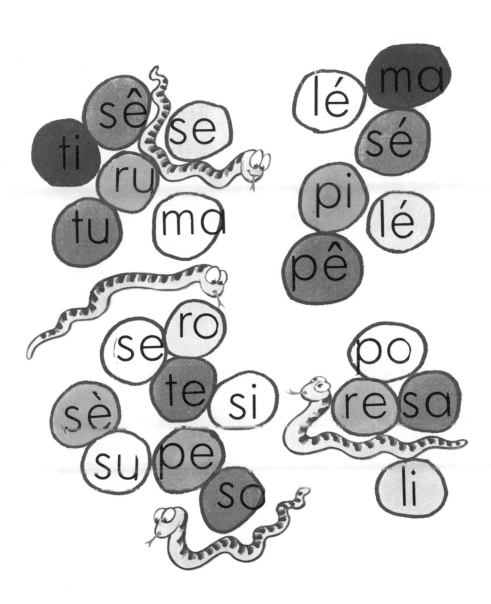

JE LIS: sali   sème   sera   salé
         silo   sole   semé   site
         salut   sirop   sol   sur
         salué   tasse   séparé salière

1. Sara sera polie.
2. Elle a salué le Père Massé.
3. Il a sali la tasse.
4. Alma sale le pâté.

J'ÉCRIS: sale   sera   site   semé
          salé   sol   sur   tasse

1. Sara a salé la tomate.

ATTENTION! Je lis et j'écris:

tasse

masse

lasse

passe

lis   iris   os   as

V

a
e
i
é
u
o
è
ê

v

Papa arrive de la ville.
Il a apporté un vélo à Éva,
une petite voiture à Léo et
un savon parfumé à maman.

ville

41

Je lis et j'écris les syllabes:

JE LIS:　　vole　　lève　　rêve　　vélo

　　　　　　levé　　vive　　vêtu　　ville

　　　　　　vis　　　vérité　volume　salive

　　　　　　avale　arrive　élève　ovale

1. Alma a vu le vélo.

2. Rémi est mal vêtu.

3. Olive évite l'élève sévère.

J'ÉCRIS:　vite　　lave　　vole　　vive

　　　　　　lève　　rive　　vite　　avale

1. Éva avale la pilule amère.

ATTENTION! Je lis et j'écris:

va av

vi iv

vo ov

vu uv

43

b

b

a
i
é
e
u
o
è
ê

Comme bébé est heureux!
Regardez son visage et ses bras.
Il ne veut pas jouer avec son ballon,
sa balle et ses cubes. Il tend les bras
vers son beau bateau.

bébé

Je lis et j'écris les syllabes:

JE LIS: bébé   robe   tube   botte

balle   bête   bâti   battu

bol   bosse   barré   basse

lavabo obéira barbe bord

1. Roméo a battu la mule.

2. Bébé a sali le lavabo.

3. Ta balle est sur le bord de la télé.

4. La petite bête est là-bas, sur le bol.

J'ÉCRIS: bébé   robe   tube   bête

bol   balle   botte   lavabo

1. La bête ira sur le bol.

2. Bébé tape la balle.

bi i̲b̲

bo o̲b̲

ubi   bob

uba   obi

abi   ibè

bib   bulbe

n

n ────── a é i e o u e è

Simone met une
nappe sur la
table. Elle offre
des bananes,
des ananas et
de la limonade
à son petit ami.

nappe

Je lis et j'écris les syllabes:

JE LIS: lune   nappe   note   mine

menu   mène   navire   revenu

bonne   bénira   minute   ananas

1. Aline repasse la nappe.

2. La mère de René a pelé la banane.

3. Simone punira l'âne têtu.

4. Elle apporte une tartine à Aline.

J'ÉCRIS: lune   béni   mène   Line

banane   Aline   minute   revenu

1. René a bonne mine.

2. L'âne avale la banane.

ATTENTION!

nê né

né nè

nor nasse

nul nar

nil nov

nui nir

Révision

bê   bo  bi

ba   bu

bé   bè

be

po   pé

pê

pu   pa

pè   pi

pe

Je lis et j'écris les syllabes:

JE LIS:
pavé   pot   épée   bossu

bulle   baril   babine   opale

repos   boni   butte   passe

barre   boléro   épine   pétale

Sabine   pavane   bonne   pelure

barbu   parure   partir   bavard

1. Bibiane a réparé le lavabo.

2. Le petit âne est buté.

3. Le pirate est barbu.

4. Sabine va polir le tube.

5. Barnabé a épelé ''raboté''.

J'ÉCRIS:
boni   poli   pavé   bavé

ébène   épine   bavure   parure

1. La petite Sara a bavé
   sur sa robe.

2. Sabine répare la bobine.

f

è ê o u é i e a

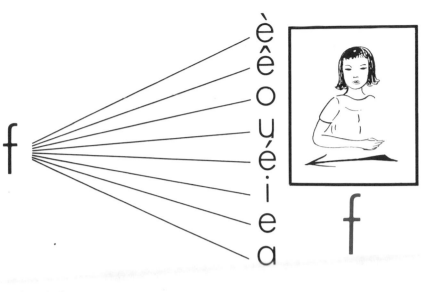

f

Madame Lafleur fait des courses au supermarché. Sur le comptoir, elle met de la farine, du fromage, du café, des fruits et une bobine de fil.

café

farine xxx

fromage

farine

Je lis et j'écris les syllabes:

JE LIS:　fête　　fine　　fané　　fève

fumée　folle　　fêlé　　fini

farine　sofa　　favori　finira

forme　forêt　fil　　forte

1. René ne fume pas la pipe.

2. Elle finira la robe de Martine.

3. Le bol de Sabine est fêlé.

J'ÉCRIS:　fini　　fève　　fête　　fume

fané　　folle　　fil　　farine

1. Elle a fini la robe.

2. Il a fêlé le bol.

ATTENTION!

fo o<u>f</u>   o<u>f</u>fu

fa <u>af</u>   <u>af</u>fi

fi <u>if</u>   <u>if</u>fi

fu <u>uf</u>   <u>uf</u>fi

j

a
e
i
é
u
o
ê
è

j

Jules et Julie sont des jumeaux. Julie porte une jolie jupe jaune. Jules est juché sur la branche d'un arbre. Il s'amuse à jeter des noisettes sur la tête de sa soeur.

jupe

Je lis et j'écris les syllabes:

JE LIS: jupe   joli   jeté   Julie

jute   Jules   juré   jus

jappe   jujube   mijote   major

1. Julie porte la jupe de sa mère.

2. Le sirop mijote et fume.

3. Jovite a jeté une balle sur la
   tête de Jules.

J'ÉCRIS: jupe   joli   jeté

jus   jappe   mijote

1. Le joli bébé a sali la jupe.

ATTENTION!

jar   jab

jor   jas

jat   job

jul   juste

aju   ajor

vi   vê

vu

ve

vé   va   vè   vo

fa   fè

fo   fé

fe   fi   fu   fê

Je lis et j'écris les syllabes:

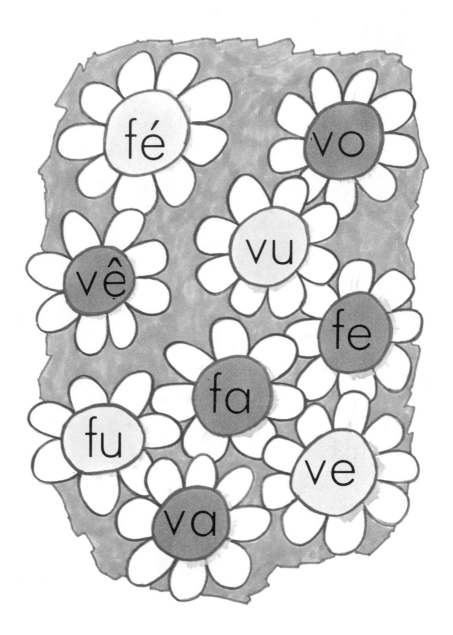

JE LIS: sofa   voté   ravi   féé

vif   revué   fort   salive

safari   évité   Ovila   fossé

relevé   futé   navire   rafale

savate   fanal   finir   revenu

1. Ovila a fini le fort.

2. Il ramasse la fève sur le sofa.

3. Éva rêve à une jolié féé.

4. L'élève a lu la revué.

5. Il a allumé le fanal.

J'ÉCRIS: sofa   vif   ravi   rafale

lavera   volera   finir   venir

ATTENTION!

fa va   <u>af</u> <u>av</u> →

<u>uf</u> → fu

<u>uv</u> → vu

vè fè   vé fé

fi   vi   <u>iv</u> → <u>if</u> →

g

e

e i è é ê

g

Gilles affiche des images sur le mur. Il y a l'image a une girafe, d'une orange et d'une belle luge rouge.

girafe

Je lis et j'écris les syllabes:

JE LIS: nage   page   sage   luge

Gilles   gêne   tige   image

logis   étage   girafe   orage

potage   manège   juge   agir

rugir   nuage   large   étagère

1. Gilles habite au 3e étage.

2. L'élève sage obéira à sa mère.

3. La fumée gêne ma mère.

J'ÉCRIS: page   orage   nage   sage

luge   image   girafe   étage

1. Il a piloté la petite luge.

2. Ma mère finira le potage.

d

d

d

é
u
a
e
ê
i
è
o

Le samedi, Diane dort jusqu'à midi.
Sa poupée dort aussi.
Elles n'entendent pas
la radio de maman.

dîner

Je lis et j'écris les syllabes:

JE LIS:

midi	rude	vide	doré
radis	mode	adore	pédale
deviné	malade	rapide	samedi
madame	Nadine	radio	timide
démêlé	dormir	dirigé	limonade

1. Fido donne sa patte à la dame.

2. Le malade dort sur le dos.

3. Julie a réparé la pédale du vélo.

4. Diane a vu le défilé de mode.

J'ÉCRIS: dame   midi   doré   vide

dur   salade   malade   rapide

1. Nadine a été malade.

2. Il a répété la date.

ATTENTION!

do   du

<u>ado</u> <u>odu</u>

dé   di   da

<u>idé</u> <u>édi</u> <u>ada</u>

rude   dure

ride dire

Poèmes

Premier pas

Voici bébé devenu grand!
L'âge est venu d'apprendre à lire.
Il faut quitter papa, maman.
Quel gros chagrin! Bébé soupire.
Il dit sa peine à ses joujoux,
Caresse son minet si doux.
Puis, décidé, se met en route
Car, c'est le premier pas qui coûte.

(auteur inconnu)

La montre de papa

Tic, tac, tic, tac,
C'est la montre de papa.
J'y appuie mon oreille;
Cela sonne à merveille!
Tic, tac, tic, tac,
Qu'y a-t-il donc là-dedans?
Papa l'ouvre, quel plaisir!
Des roues à n'en plus finir.

(auteur inconnu)

L'écureuil

J'ai voulu ce matin
Attraper sur la branche
Un écureuil malin
Mais, sur la neige blanche
D'un bond il a sauté
Pourquoi s'est-il enfui?
Je voulais l'attraper
Pour m'en faire un ami.

365 Histoires par K. Jackson, Paris, 1962.
(voir **Contes Bleus**, p. 196, Éditions Thomas Nelson & Fils)

RÉVISION

p. 24 **l**
lit
Lili
Lulu
élu
Léa
lié
île
lilas

p. 27 **m**
lame
mule
ami
lime
mime
malle
Émile
allume

p. 31 **p**
pipe
épi
papa
pilule

pomme
pilé
poli
pelé

p. 34 **r**
mère
rame
père
lire
rira
mur
répare
amère

p. 37 **t**
tape
têtu
mite
tête
tire
petite
tomate
tulipe

p. 40 **s**
sale
sera
site
semé
tasse
sur
séparé
salière

p. 43 **v**
ville
lave
vite
vole
vélo
vêtu
arrive
élève

p. 46 **b**
bébé
robe
bête
bol

lavabo

barbe

basse

battu

p. 50 n

lune

béni

mine

navire

ananas

bonne

revenu

minute

p. 57 f

tête

fume

fané

fêlé

farine

forme

forêt

forte

p. 61 j

jupe

joli

jeté

jappe

jus

Julie

mijote

major

p. 69 g

page

orage

image

girafe

logis

étage

nuage

large

p. 72 d

midi

dame

doré

radis

salade

malade

rapide

limonade

77